Lisolache

Mit Unterstützung von

Chalet Paradise Beach 61
Viale Europa 31
San Benedetto del Tronto (AP)
Italien

Der Autor bedankt sich bei

Dirk Löffler

für seine Unterstützung bei der deutschen Fassung.

Max

Stefano Montanari

DIE HERAUSFORDERUNG

Illustriert von Arianna Operamolla

Azadi

Multimage

Karim

via Desiderio da Settignano 11
50135 Florence
Italien

www.multimage.org
info@multimage.org

Gedruckt in Deutschland
auf Recyclingpapier von WirMachenDruck
Mai 2019

ISBN 9788832262032

Für Elisa und Luca, Ludvik und Max
und alle anderen Kinder,
verbunden mit dem Wunsch, dass ihr
nie zu spielen aufhören werdet.

Für alle Erwachsenen,
in der Hoffnung, dass sie das Kind in
sich ein wenig bewahren können.

6. 2019

Schatten

Lucia

VN-KINDERRECHTSKONVENTION

Artikel 31

1. Die Vertragsstaaten erkennen das Recht des Kindes auf Ruhe und Freizeit an, auf Spiel und altersgemäße aktive Erholung sowie auf freie Teilnahme am kulturellen und künstlerischen Leben.

2. Die Vertragsstaaten achten und fördern das Recht des Kindes auf volle Beteiligung am kulturellen und künstlerischen Leben und fördern die Bereitstellung geeigneter und gleicher Möglichkeiten für die kulturelle und künstlerische Betätigung sowie für aktive Erholung und Freizeitbeschäftigung.

Toni

I

Mein Name ist Max, und wie jeden Nachmittag nach der Schule treffe ich mich auch an diesem heißen Montag Ende Juni mit Toni und Lucia im Stadtpark. Er ist mein Lieblingsort in der Stadt. Schließlich gibt es in Surembo nicht viele andere interessante Orte, außer Mariolinos Kiosk, der immer meine Lieblingscomics beiseitelegt, und Francas Bäckerei, die die besten Pizzas der Welt macht.

Der Park schlägt sie jedoch alle: Hier habe ich gelernt, Fahrrad zu fahren, Drachen steigen zu lassen und auf Bäume zu klettern.

Von Zuhause bin ich in fünf Minuten mit dem Fahrrad hier. Ich durchquere Surembo auf einem Radweg entlang eines Bachs und brettere dann eine Allee aus Kirschbäumen bis zum Eingang des Parks hinunter.

Wenn die Kirschbäume blühen, ist es, als würde ich durch ein riesiges Eis mit Schlagsahne fahren.

Am besten gefällt mir im Park der Bolzplatz, der von Kiefern umgeben ist, die so hoch sind wie vierstöckige Häuser.

Es ist eigentlich nur eine Lichtung mit einem Aschenplatz, auf dem zwei wackelige Holztore stehen, aber für mich ist es das schönste Stadion der Welt.

Hier spielen wir bis nach Sonnenuntergang, solange wir den Ball noch sehen können.

Wir nennen uns die Surembo Megastars.

UREMBO
MEGASTARS

In Wirklichkeit kennt uns außerhalb von Surembo niemand, und ich glaube, dass viele Leute meine Stadt nicht einmal auf der Landkarte finden würden.

Aber mit diesem Namen fühlen wir uns einfach unbesiegbar. Wir haben keine offiziellen Trikots, jeder kommt, wie er will, und jeder kann in unserer Mannschaft mitspielen.

Ich spiele oft mit dem brasilianischen Trikot, Toni wird sich nie vom italienischen trennen, während Lucia immer ein weißes T-Shirt trägt.

Sie sagt, sie mag es, einfach nur zu spielen, ohne zu irgendeinem Land zu gehören.

Wir drei sind bei jedem Spiel der Surembo Megastars dabei, und immer wieder andere Kinder komplettieren unsere Mannschaft.

Gestern zum Beispiel haben wir eine sehr lange Partie gespielt, Erwachsene und Kinder zusammen.

Das war ein wunderbares Geschenk zu meinem elften Geburtstag! Meine ganze Klasse ist gekommen und wir haben von morgens bis zum Sonnenuntergang gespielt.

Mama hatte einen rechteckigen Kuchen mit grünem Marzipan für das Gras und weißem für die Linien und Tore gebacken. Obendrauf standen elf Kerzen in der Form von Fußballern.

Ich pustete zehn Kerzen mit einem Atemzug aus und ließ den Torwart dann noch für einige Sekunden brennen.

Torwart ist meine Lieblingsposition und ich wollte, dass Papa noch ein Foto von mir mit der letzten brennenden Kerze und den neuen Torwarthandschuhen macht, die ich als Geschenk bekomme habe.

Es war ein tolles Fest und ich wünschte mir, es würde niemals enden.

Heute jedoch ist die Freude verschwunden, genauso wie die Kerzen.

Und das alles nur wegen Ballstecher.

II

„Komm schon, Max, denk nicht darüber nach", sagt Lucia, während sie ihr Fahrrad abstellt.

„Ich kann es einfach nicht glauben, dass wir in ein paar Tagen nicht mehr hier spielen dürfen", sage ich mir, während mein Blick sich auf die Bäume des Parks legt, die uns an so vielen glücklichen Tagen in aller Stille zugeschaut haben.

„Dieser Ballstecher... den würde ich am liebsten umbomben!", ruft Toni, und macht den Schuß eines echten Torjägers nach.

Toni macht nie einen daneben: Jedes Mal, wenn er schießt, geht der Ball aufs Tor, und ich habe nie gesehen, dass er einen Elfmeter verschießt. Deshalb wollen ihn auch alle in ihrem Team haben. Aber was ich an meinem Freund am meisten mag, ist seine Fantasie.

Zum Beispiel war er es, der dem Bürgermeister den Spitznamen Ballstecher gab, als wir erfuhren, dass dieser den Bau eines Parkplatzes auf unserem Fußballfeld genehmigt hatte.

„Wofür brauchen wir hier einen Parkplatz?", frage ich, als ich den Bagger sehe, der ein paar Meter entfernt geparkt ist. „Surembo ist so klein, dass nur wenige Autos unterwegs sind!"

„Mein Vater sagt, dass Ballstecher den Bau will, um sich zu bereichern", sagt Lucia. „Er bekommt viel Geld für den Bau, und sogar noch mehr, um den Parkplatz zu betreiben."

Lucia ist immer gut informiert. Wir nennen sie Radio Surembo, weil sie alles weiß, was in der Stadt passiert. Jeden Tag hört sie Nachrichten und bringt eine Zeitung mit in die Schule. Sie war es, die uns sagte, dass der Bau des Parkplatzes bald beginnen würde.

„Leute, wir müssen etwas tun", erwidere ich.

„Was meinst du?", fragt Toni

„Ich weiß nicht... irgendwas... Wir können nicht hier bleiben und zugucken, wie sie unser Fußballfeld zerstören!"

„Lass uns eine Demonstration mit unseren Eltern organisieren!", schlägt Lucia vor.

„Tolle Idee! Treffen wir uns in der Schule und besetzen den Park!", schlägt Toni vor, der immer nach Ausreden sucht, um nicht in die Schule zu gehen.

„Sie werden nie auf uns hören!", sage ich kopfschüttelnd. „Dem Bürgermeister ist es egal, wenn der Park verschwindet. Und unsere Eltern sind zu beschäftigt mit ihrer Arbeit, um zu demonstrieren. Nein, wir brauchen eine andere Idee, die Idee des Jahrhunderts."

Wir schweigen ein paar Minuten, während wir unsere Fußballschuhe und die Trikots anziehen. Wenn es um die Idee des Jahrhunderts geht, dann gibt es keine halben Sachen: Entweder finden wir sie und retten unseren Bolzplatz oder wir verlieren ihn für immer.

„Warum fordert ihr den Bürgermeister nicht heraus?", ruft eine Stimme hinter uns.

Wir drehen uns um und sehen Eichhörnchen. So nennen wir den kleinen, robusten Mann mit der Kartoffelnase, der jeden Nachmittag in den Park kommt und sich an die Äste der Bäume hängt, um Turnübungen zu machen.

Wenn wir neben das Tor schießen, flitzt er manchmal unglaublich flink hinter dem Ball her.

„Entschuldigung…, was meinen Sie?", frage ich leise, ein wenig eingeschüchtert.

„Ihr könntet den Bürgermeister zu einem Fußballspiel herausfordern. Wenn ihr gewinnt, wird kein Parkplatz mehr gebaut."

„Mir gefällt die Idee!", erklärt Lucia, die immer die erste ist, wenn es um schwierige Herausforderungen geht.

„Immer mit der Ruhe", rufe ich, um die allgemeine Begeisterung ein wenig zu bremsen. „Ballstecher wird das niemals akzeptieren."

„Noch schlimmer: Wir riskieren, dass er aus Rache einen Parkplatz bauen lässt, wo jetzt Francas Bäckerei steht ... und dann „Auf Nimmerwiedersehen, liebe Pizzas!", fügt Toni hinzu, während er mit den Armen durch die Luft fuchtelt.

„Fragen kostet nichts", sagt Eichhörnchen mit einem Schulterzucken und zeigt seine schneeweißen Zähne. „Wenigstens hättet ihr es versucht."

Seine haselnussbraunen Augen leuchten jetzt wie Honig in der Sonne. Er scheint viel größer als zuvor. Wir sehen uns einen Augenblick lang an.

„Den Bürgermeister und seinen Gemeinderat herausfordern. Das ist verrückt", denke ich.

Aber Lucia lächelt und Toni fängt an zu nicken. „Wenn niemandem was Besseres einfällt ...", meint Toni.

„Okay, Leute", sage ich nach einem Moment der Überlegung. „Der Bürgermeister wird uns auslachen, aber es ist einen Versuch wert. Zuerst müssen wir eine Mannschaft zusammenstellen. Morgen suchen wir zwei andere Spieler in der Schule. Aber jetzt erst nochmal volle Kanne! Vielleicht ist das heute unser letztes Spiel hier."

III

Am nächsten Morgen treffe ich Lucia und Toni am Eingang der Schule. Unsere Schule ist ein langes, schmales Gebäude, das aussieht, wie eine dicke braune Schlange, die mitten in einem Park eingeschlafen ist. Hinter dem gemeinsamen Eingang befinden sich zwei von Bäumen gesäumte Alleen, die den Innenhof durchqueren. Auf der rechten Seite ist die Grundschule, in die ich gehe, und auf der linken Seite das Gymnasium.

Uns fehlen ein Angreifer und ein Verteidiger: Meine Freunde und ich schauen auf die immer größer werdende Zahl von Schülern, um die besten Kandidaten für unsere Mannschaft zu finden.

„Lass uns bei den Großen aus dem Gymnasium gucken", sagt Lucia. „Die spielen gut."

Wir fragen fast alle Schüler, die zur Schule kommen, aber wir können meistens nicht einmal den Satz zu Ende bringen, da gehen sie schon mit herablassendem Blick weiter.

Pablo, der Bruder eines unserer Klassenkameraden, ist der einzige, der stehenbleibt, um uns zuzuhören.
Er sieht uns stirnrunzelnd an und klopft mir freundlich auf die Schulter.

„Wozu soll das gut sein?", fragt er uns. „Gebt auf, ihr werdet einen anderen Platz zum Spielen finden und..."

Die Glocke läutet und übertönt Pablos letzte Worte. Enttäuscht schleichen wir zu unserem Klassenzimmer, als Azadi und Karim aus der Nachbarklasse sich uns nähern. Wir begegnen ihnen selten auf dem Hof, weil sie immer vor allen anderen ankommen und während der Pause die meiste Zeit im Klassensaal bleiben.

„Wir könnten kommen", bietet Azadi an und streicht sich ihr dichtes schwarzes Haar aus der Stirn.
Ihre geheimnisvollen Augen und die dicke Nase lassen sie sehr selbstsicher erscheinen.

„Ihr?", antwortet Toni und verzieht das Gesicht zu einer Grimasse. „Das Schätzchen der Lehrerin und der Bücherwurm?"

Azadi sieht ihn mit verschränkten Armen an, während Karim Schattens Bauch streichelt, die sich im Gras räkelt.

Schatten ist der Name von Karims Katze, und das ist kein Zufall, denn sie weicht Karim niemals von der Seite. Als Karim die Katze vor der Schule fand, war sie so abgemagert, dass sie sich fast nicht mehr auf den Beinen halten konnte.

Karim und seine Klassenkameraden fütterten sie mit Katzenfutter, Salamischeiben und sogar mit Sushi, so dass sich Schatten nach und nach erholte und heute eher wie ein Mini-Panda als wie eine Katze aussieht. Sie war von Anfang an sehr verspielt, aber sie hatte eine eindeutige Vorliebe für Karim, ihren Retter. Wie jeden Tag, wartet Schatten heute auch auf dem Hof, bis Karims Schultag zu Ende ist. Nach einigen Momenten der Stille räuspert sich Karim und sagt in einem ruhigen und gelassenen Tonfall: „Der äußere Schein kann trügen."

Toni runzelt die Stirn. „Redest du immer so geschwollen? He Leute, kapiert ihr, was der Bücherwurm da erzählt?

„Wenn du deinen Kopf mehr als deine Beine benutzen würdest, könntest du es vielleicht verstehen", blafft ihn Azadi an, die sich mittlerweile direkt vor Tonis Nasenspitze aufgebaut hat.

„Kommt schon, Leute, hört auf damit", sagt Lucia und legt Azadi und Toni ihre Hände auf die Schultern. „Mit Streit werden wir nichts erreichen. Unser einziges Ziel ist es, den Bolzplatz und den Park zu retten! Wer uns dabei helfen will, ist willkommen. Ist doch so, oder, Max?"

„Na klar", bestätige ich, als die Pausenglocke ein zweites Mal zum Unterrichtsbeginn läutet. Ich muss eine Entscheidung treffen. Ist es besser, zu versuchen, Pablo und seine Freunde zu überzeugen, oder zu riskieren, mit zwei Strebern zu spielen, die wir noch nie kicken gesehen haben?

Lucia sieht mich mit einem breiten Lächeln an. Vielleicht hat sie Recht. Und überhaupt: Der Bürgermeister wird unseren Vorschlag sowieso niemals akzeptieren.

„Okay, Leute, ihr seid dabei ", entscheide ich. „Wir treffen uns heute Nachmittag am Bolzplatz, bevor wir ins Rathaus gehen."

IV

Das Rathaus befindet sich in einem dreistöckigen Gebäude am Ende der Hauptstraße, zwischen dem Park und der Schule. Wir lassen die Fahrräder an den Säulen des Eingangsportals stehen und treten lautlos ein.

Ein paar Schritte hinter der Eingangstür sitzt eine junge Frau mit gesenktem Kopf hinter einer grauen Empfangstheke.

„Wir möchten Ballstech... äh ... den Bürgermeister sprechen", sage ich.

„Er hat keine Zeit", antwortet die junge Frau trocken, ohne die Augen von ihrem Handy abzuwenden.

Aber so leicht gebe ich nicht auf: „Es ist wirklich wichtig."

„Er hat keine Zeit, hab ich dir gesagt."

In diesem Moment setzt sich Azadi in Bewegung, umkurvt die Theke und steigt die Treppe hinauf, immer vier Stufen auf einmal. Toni und Lucia folgen ihr schnell.

„Kommt sofort zurück!", schreit die Sekretärin und läuft ihnen hinterher.

Sie hat sie fast erreicht, als Schatten zwischen ihre Beine huscht und sie fast zum Stolpern bringt.

„Was ist hier los?", fragt Ballstecher, als Azadi die Tür seines Büros öffnet.

„Herr Bürgermeister, verzeihen Sie mir bitte, sie sind ohne meine Erlaubnis hier raufgekommen!", sagt die atemlose Sekretärin. „Ich werde umgehend die Eltern anrufen."

„Lass es gut sein", sagt Ballstecher mit einem genervten Lächeln. „Ich empfange immer gerne meine Mitbürger. Oh, und was für eine schöne Katze!"

Als er sich nähert, um Schatten zu streicheln, sträuben sich die Haare der Katze und sie rennt zu Karim, der sie in seine Arme nimmt.

Das Neonlicht im Büro ist so weiß, dass mir die Augen wehtun. Ballstecher steht vor seinem Sessel und sieht mit seinem langen Hals und der Glatze wie eine Straßenlaterne aus. Um den Schreibtisch voller verstreuter Papiere sitzen seine Gemeinderäte, die zu ihm passen wie die Faust aufs Auge.

„Eine reine Männerbande", denke ich mir kopfschüttelnd. Wir haben ihnen allen einen Spitznamen verpasst. Auf der rechten Seite von Ballstecher steht Fass, eher breit als groß. Dann kommt Kugel, ein Muskelpaket ohne Haare; danach Nagel, der so dünn wie ein Zahnstocher ist, und dann noch Schnauzer, der ständig mit seiner Hand durch den von Zigaretten vergilbten Schnurrbart fährt, und schließlich

Marschall, der immer in einer cremefarbigen Armeeuniform herumläuft.

„Also?“, sagt Ballstecher und setzt sich. „Wo brennt's denn?“

„Wir fordern euch heraus“, verkündet Azadi, die mit verschränkten Armen vor uns steht.

„Was?!?!“, fragt der Bürgermeister mit einem überraschten Blick.

„Wir fordern euch heraus. Ein Fußballspiel, fünf gegen fünf. Wenn wir gewinnen, stoppen Sie den Parkplatzbau.“

Die Gemeinderäte biegen sich so heftig vor Lachen, dass die Pendeluhr im Büro zu vibrieren beginnt. Nur Ballstecher schaut uns an, ohne zu lachen.

„Geht heim zu Mama, wir kümmern uns um seriöse Dinge“, sagt Marschall und zeigt auf den Ausgang. Aber keiner von uns macht einen Schritt.

„Ich habe es euch gesagt“, ruft Azadi nach ein paar Sekunden mit dem Rücken zu Ballstecher aus. „Sie haben Angst.“

„Fass auf jeden Fall: Mit der Kugel, die der vor sich herschiebt, kann er noch nicht mal eine Schnecke einholen“, sagt Toni.

„Wenn die gegen den Ball treten, zerbröseln sie, so rostig sind die“, sagt Lucia mit ausgestreckten Armen, um die Bewegung einer Mumie nachzuahmen.

Jetzt schauen uns Ballstecher und seine Freunde mit feurigen Augen an. Auf Kugels Stirn kann man eine Ader pulsieren sehen. Eine angespannte Stille liegt in der Luft.

Plötzlich steht Ballstecher mit großen Augen vom Stuhl auf.

„Was machst du denn hier?!“, fragt er und sieht zur Tür, bleich wie ein Geist.

Das frage ich mich auch, denn hinter uns steht jetzt Eichhörnchen!

Er musste uns vom Bolzplatz aus gefolgt sein, um aufzupassen, dass der Bürgermeister uns nicht den Krokodilen zum Fraß vorwirft.

Eichhörnchen nähert sich mit langsamen, leisen Schritten dem Fenster.

Er schaut Ballstecher nicht an, sondern scheint einen entfernten Punkt zu fixieren.

Ein grauer Luftschleier umgibt die Sonne, als ob die ganze Stadt in der Rauchwolke eines Feuers versinken würde.

„Anscheinend hast du dich nach all den Jahren nicht verändert", sagt er.

„Jetzt verstehe ich. Du steckst hinter diesen Kindern." Ballstecher legt jetzt beide Fäuste auf seinen Schreibtisch und stützt sich mit seinem ganzen Gewicht darauf, gerade so als wollte er ihn im Boden versenken.

Ich fürchte, dass der Schreibtisch jeden Moment auseinanderbricht. Dann verzieht sich sein grimmiger Gesichtsausdruck zu einem schiefen Lächeln.

„Na gut", sagt er mit einem herausfordernden Ton. „Ihr habt es so gewollt."

V

Beim Verlassen des Rathauses fühlt sich die Luft so erdrückend an, dass ich Schwierigkeiten habe, mein Fahrrad zu erreichen. Oder vielleicht ist es nur die Angst, die ich im Büro des Bürgermeisters hatte, die mir die Beine schwer macht.

Toni hingegen reibt sich die Hände. „Ich kann es nicht glauben: Ballstecher hat akzeptiert! Endlich kann ich ihm einen Ball verpassen!".

„Hast du sein Gesicht gesehen, als er Eichhörnchen gesehen hat?", fragt Lucia. „Er sah aus wie E.T.!"

„Leute, wir haben drei Tage, um uns vorzubereiten. Wir müssen einen Trainer finden", sage ich und schöpfe ein wenig Mut.

„Wir können meinen Onkel fragen, er war Fußballer", sagt Azadi.

Toni kratzt sich perplex am Kopf. „Bist du sicher, dass er uns trainieren kann? Vielleicht weiß er, wie man mit dem Ball umgeht, aber wir brauchen jemanden, der Spielzüge, Taktiken und Strategien kennt..."

„Du kannst ihn ja selber fragen!", unterbricht Azadi und zeigt auf Eichhörnchen, der von der Rathaustür zu uns herüberschaut.

„Er ist dein Onkel?", fragen Lucia und Toni ungläubig. „Warum hast du uns das nicht früher gesagt?"

„Weil ihr mich nicht gefragt habt", sagt Azadi mit einem breiten Grinsen.

Jetzt, da ich sie genauer betrachte, sehen Azadi und ihr Onkel einander sehr ähnlich.

Das gleiche schwarze Haar, der gleiche tiefgründige Blick, und sogar die dicken Nasen gleichen einander wie ein Ei dem anderen.

„Ok, Leute, wenn Azadis Onkel uns helfen kann, umso besser", sage ich. „Aber wir müssen zuerst unseren Eltern Bescheid geben."

Wir steigen auf unsere Drahtesel und verabreden uns noch für den nächsten Tag.

Dann radeln alle in verschiedene Richtungen davon. Als ich auf unser Haus zufahre, wirkt die Luft frischer und leichter. Beim Abendessen spreche ich mit Mama und Papa.

„Und der Bürgermeister hat akzeptiert?", fragt Mama ungläubig.

„Du hättest das Gesicht sehen sollen, das er gemacht hat, als Azadis Onkel hereinkam", sage ich und ahme die weit aufgerissenen Augen von Ballstecher nach.

„Ihr habt keine Chance zu gewinnen", sagt Papa und schüttelt den Kopf. „Lasst uns euch helfen, ich kann mit dir spielen und vielleicht sogar Tonis Vater. Solche Angelegenheiten sind etwas für Erwachsene..."

„Lieber nicht, danke", antworte ich mit dem Mund voller Nudeln. „Sei nicht beleidigt, aber in einigen Dingen seid ihr bestimmt schlimmer als Kinder! Was ihr aber tun könntet, wäre, die Spielregeln zu unterschreiben. Der Bürgermeister hat uns morgen Nachmittag um drei Uhr einen Termin im Rathaus gegeben."

Papa ist perplex. „Mmm... das gefällt mir nicht wirklich, Max."

„Bittebittebitte!", sage ich ohne Luft zu holen, mit dem allernettesten und süßesten Gesichtsausdruck, zu dem ich fähig bin.

Er schaut mich lächelnd an, rollt ein Stück Brot zu einer Kugel und schnickt es in meine Richtung.

Ich wehre es mit einem Finger ab und lächle ihn an.

VI

Am Mittwochnachmittag treffen wir uns alle im Sitzungssaal des Gemeinderats.

Es ist das erste Mal, dass ich dorthin gehe. Riesige Gemälde bedecken die Wände, unterbrochen nur durch Fenster, die so groß wie die Tore unseres Bolzplatzes sind.

Ballstecher und seine Bande warten in der Mitte des Raumes auf uns, wo sich mehrere Journalisten versammelt haben. Ich konnte mir nicht vorstellen, dass es in Surembo so viele davon gibt. Hinter einem Wald aus Kameras und Mikrofonen sehen Ballstecher und seine Gemeinderäte wie Geier aus, die auf ihren Nestern sitzen.

„An diesem Samstag wird ein Fußballspiel stattfinden, das jede Diskussion über den Bau des Parkplatzes im Stadtpark beenden wird", sagt Ballstecher und zeigt in unsere Richtung, ohne uns anzusehen.

„Mein Team gegen diese Kinder, fünf gegen fünf, zwanzig Minuten lang. Wenn wir verlieren, verbürge ich mich dafür, dass der Bau des Parkplatzes eingestellt wird."

Ein Murmeln der Überraschung überdeckt das Gelächter von Ballstechers Mannschaft. Das Geräusch geht mir durch Mark und Bein.

„Aber wenn wir gewinnen oder unentschieden spielen, dann wird nicht nur der Parkplatz gebaut werden, sondern es wird auch niemals mehr irgendwer irgendwo in ganz Surembo Fußball spielen", teilt er mit einem Lächeln mit, dass mir das Blut in den Adern gefrieren lässt, so als hätte ich einen ganzen Eisberg verschluckt.

„Max, noch könnt ihr das Ganze abblasen", murmelt Papa.

Vielleicht hat er Recht und es ist besser, so zu tun, als ob es nur ein Scherz gewesen wäre. Ich drehe mich um und schaue auf mein Team. Und was ich sehe, reicht mir, um den Mut nicht zu verlieren: Lucia und Toni, Azadi und Karim nicken, entschlossen, Ballstecher herauszufordern.

Plötzlich hallt die metallische Stimme des Bürgermeisters durch den Saal.

„Frau Notarin, haben Sie die Spielregeln aufgeschrieben?“, sagt er und wendet sich nach rechts.

Eine alte Dame nähert sich langsam. Das lange weiße Haar ist zu einem Pferdeschwanz gerafft, der bei jedem Schritt hin- und herpendelt.

In der Mitte des Saales angekommen, breitet sie zwei Papiere auf dem Mahagonitisch vor Ballstecher aus.

„Beeilen wir uns, wichtige Termine warten auf mich“, sagt der Bürgermeister und greift nach dem Stift. In wenigen Sekunden unterschreibt sein gesamtes Team die Regeln.

Jetzt ist es zu spät, wenn wir das Gesicht nicht verlieren wollen.

Azadi ist die Erste, die sich dem Tisch nähert. Sie nimmt den Stift und gibt ihn ihrem Onkel, der für sie unterzeichnet.

Dann sind Lucias Vater, Tonis Mutter und die junge Frau, die sich um Karim kümmert, an der Reihe.

Als Papa neben meinem Namen unterschreibt, lächelt mich die Notarin augenzwinkernd an.

„Viel Glück, junger Mann“, sagt sie zu mir.

VII

Am Donnerstagnachmittag warten Azadi und ihr Onkel auf uns auf dem Fußballfeld.

Wir nennen ihren Onkel nicht mehr Eichhörnchen, sondern Onkel Farzan. Azadi hat uns erklärt, dass im Persischen sein Name „der Weise" bedeutet, und ich denke, dass er perfekt zu ihm passt.

Onkel Farzan trägt ein rotes Trikot mit zwei blauen Streifen, die von den Schultern bis zu den Hüften reichen. Es ist so eng, dass die breiten, muskulösen Schultern wie zwei Hügel aussehen.

Mit seinem eisernen Händedruck bräuchte er keinen Schlüssel, um mein Fahrradschloss aufzukriegen.

„Wer ist der Torwart?", fragt er.

Sobald ich meine Hand hebe, nimmt er eine schwarze Sporttasche, legt sie sich auf die Schulter und fordert mich auf, ihm zu folgen.

Als er das Ziel erreicht, nimmt er einen Schläger und Tennisbälle heraus.

„Ähm ... Azadi ... bist du sicher, dass dein Onkel verstanden hat, welches Spiel wir spielen?", frage ich.

„Vertrau ihm", sagt sie zu mir, bevor sie zu den Anderen rennt.

Onkel Farzan fängt an, schnell hintereinander Tennisbälle zu schlagen, ohne anzuhalten. Nach ein paar Minuten Bombardement sehe ich fast alles in gelb.

„Was bringt es, mit Tennisbällen zu trainieren?", frage ich erschöpft.

„Wenn du trainierst, kleine Gegenstände zu halten, wird es einfacher sein, die großen zu stoppen", sagt Onkel Farzan mit selbstbewusstem Gesicht.

Dann kniet er sich hin, um den Schläger in die Tasche zu stecken und sammelt die auf dem Feld verstreuten Bälle wieder ein.

Die Sonne hinter ihm ist eine große Orange, die ihren Saft in den Himmel gegossen hat.

„Wir haben noch ein paar Minuten Zeit zum Spielen, bevor die Nacht hereinbricht", sagt Onkel Farzan. „Lasst uns zwei Dreier-Teams machen."

Azadis Onkel spielt im Tor und bewegt sich zwischen den Pfosten mit der gleichen Schnelligkeit wie Schatten, wenn sie springt, um Sushi aus Karims Händen zu erhaschen.

Unmöglich für Lucia und Karim ein Tor zu schießen. Toni und Azadi dagegen sind nicht zu stoppen, und jeder von ihnen haut uns zwei rein.

„Wenn sie am Samstag so angreifen, werden wir mit Sicherheit gewinnen", denke ich, als ich nach dem Training zu meinem Fahrrad gehe.

Meine Beine wiegen schwer wie Steine, so sehr, dass ich Schwierigkeiten habe, in den Sattel zu steigen.

Aber im Inneren fühle ich eine Müdigkeit, die sich von der üblichen unterscheidet. Ich bin müde, abgekämpft, erschöpft... aber gleichzeitig so voller Energie, dass ich die ganze Welt verschlingen könnte!

VIII

Am nächsten Tag treffen wir uns auf dem Bolzplatz für unser letztes Training. Lucia lächelt strahlend.

„Schaut mal, was mein Vater mir geschenkt hat", sagt sie und durchwühlt ihren Rucksack.

„Wow! Der Tango der Weltmeisterschaft 1982! Wo hat er den gefunden?", fragt Toni und streicht mit leuchtenden Augen über den Ball, als wäre es ein alter Schatz, der ausgegraben wurde.

Ich schaue ihn auch hingebungsvoll an. Ich fülle meine Lunge mit dem Duft des Leders, einer Mischung aus frisch geschnittenem Holz und Feldgras.

„Schnurrt er, wenn ihr ihn streichelt?", fragt Karim Toni mit einem Hauch von Sarkasmus, während Schatten mit hoch aufgestelltem Schwanz auf seinen Schultern spazierengeht.

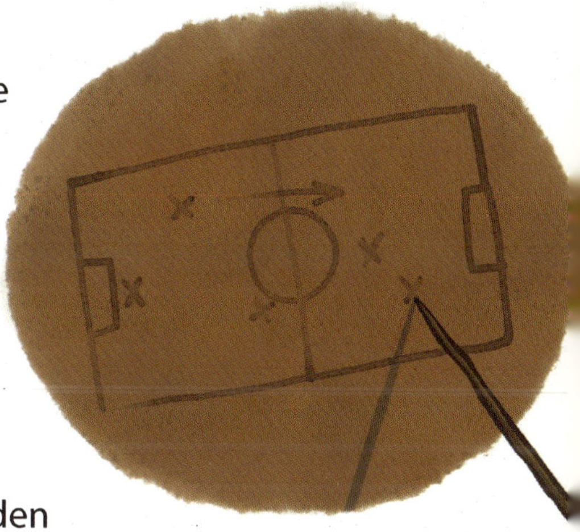

„Jungs, einen Moment Aufmerksamkeit". Azadis Stimme weckt mich aus meiner Verzauberung. „Bevor wir mit dem Training anfangen, möchte mein Onkel mit uns über Taktik sprechen."

Lucia wirft den Ball ins Tor und wir gehen zum Mittelkreis, wo Onkel Farzan auf uns wartet, und mit einem Stock Linien auf den Boden zieht.

„Azadi ist die Schnellste, also wird sie alleine im Angriff spielen", sagt er. "Lucia und Karim, ihr spielt als Verteidiger. Toni, du bist der beste Techniker und spielst im Mittelfeld, Max, du im Tor."

Plötzlich lässt uns ein aufgeregtes Geschrei herumfahren.

Ich sehe meinen Papa mit den Vätern von Lucia und Toni, die wie eine Horde Cowboys näher kommen.

„Kinder, wir helfen euch", sagt Papa mit einem kindischen Lächeln.

„Och, Papa ... Ich hatte dir doch gesagt..."

„Max, morgen werdet ihr ein wichtiges Spiel spielen. Also müsst ihr gegen eine starke Mannschaft trainieren. Wer könnte euch besser vorbereiten als wir?", sagt er, wobei er seine Arme ausbreitet und den Kopf ein wenig neigt.

Ich würde gerne vor Scham im Boden versinken.

Papa ist wirklich schlecht im Fußball. Wenn wir zusammen spielen, verbringe meistens mehr Zeit damit, den Ball weit hinter dem Tor einzusammeln als ihn aus dem Netz zu holen.

Für ein paar Momente herrscht Totenstille. Dann steht Onkel Farzan auf und geht zum Tor.

„Es ist gar keine schlechte Idee", sagt er. „Erwachsene gegen Kinder. Mal sehen, was ihr könnt."

IX

Endlich ist der große Tag gekommen, und ich weiß nicht, ob es eher Aufregung oder Angst ist, was ich fühle.

Als ich Surembo mit dem Fahrrad durchquere, versuche ich, mich zu beruhigen, indem ich die kühle Brise einatme, die aus dem Bach aufsteigt, während kleine schneeweiße Wolken vor einem wunderschönen blauen Himmel Katze und Maus zu spielen scheinen. In ihren Formen suche ich nach Anzeichen, die das Ergebnis des Spiels vorhersagen könnten. Da ist eine ballförmige Wolke... heißt das, dass wir gewinnen werden? Und hier ist noch eine in Form einer Nachtigall ... aber als ich genauer hingucke, sieht sie eher wie ein Rabe aus... das Symbol des Unglücks! Es wäre vielleicht besser, ich würde mich darauf konzentrieren, in die Pedale zu treten. Mein Herz schlägt schneller und stärker als sonst, ich fühle es in meiner Brust tanzen.

Auf dem Bolzplatz angekommen, lasse ich das Fahrrad hinter dem Tor stehen und gehe zu meinen Freunden.

Unsere Eltern und Klassenkameraden sind zu Dutzenden gekommen, um uns anzufeuern.

Nach einigen Aufwärmübungen ruft Azadis Onkel uns vor dem Tor zusammen. Er steht vor uns wie eine der imposanten Statuen, die man auf den Hauptplätzen der Großstädte sehen kann.

„Eine Mannschaft ist wie eine Gruppe von Freunden. Jeder hilft dem anderen. Wenn einer einen Fehler macht, meckert nicht an ihm rum, macht ihm wieder Mut, lasst ihn sich als Teil des Teams fühlen. Wenn jeder von euch seine

Qualitäten einbringt, werdet ihr unschlagbar sein."

Onkel Farzan geht mit langsamen, energischen Schritten von einem Pfosten zum anderen. Er sieht aus wie eine Katze, die bereit ist, auf ihre Beute zu springen.

Dann drückt er den Ball zwischen seinen Händen, die Ellenbogen weit geöffnet. „Dieser Ball ist euer Traum. Lasst ihn nicht entfliehen."

Wir alle umarmen uns und gehen dann zum Mittelkreis. Dort reißen Ballstecher und seine Freunde Witze und scheinen sich prächtig zu amüsieren.

„Warum seid ihr zu sechst gekommen?", frage ich.

„Wir brauchen einen Schiedsrichter, oder?", sagt Ballstecher und legt den Arm auf Marschalls Schulter.

„Das ist nicht fair, er ist einer von euch."

„Zweifelst du an unserer Ehrlichkeit?", fragt Ballstecher mit gespielter Unschuld, bevor er einen verräterischen Blick mit Marschall austauscht, der seine Worte entlarvt. „Genug geredet, lasst uns spielen!"

Marschall steht zwischen Ballstecher und mir und zeigt uns eine Münze.

„Kopf", sagt Ballstecher.

Die Münze dreht sich mehrmals in der Luft, bevor sie auf Marschalls Handfläche zurückfällt.

„Zahl, Ball für die Rotznasen", sagt Marschall.

Es geht los. Direkt nach dem Anpfiff spielt Lucia den Ball zu Toni, der an Schnauzer vorbeigeht und zu Azadi passt.

Karim blockt Fass, aber Ballstecher schafft es, sich zwischen Azadi und Kugels Tor zu stellen.

Azadi täuscht nach rechts an, und zieht dann schnell links vorbei, wodurch Ballstecher das Gleichgewicht verliert und auf den Po fällt.

Azadi ist allein vor Kugel, der seine Beine nicht rechtzeitig schließt, als der Ball wie ein Zug durch einen Tunnel unter ihm durchrauscht. 1-0 für uns!

„Tsch,tssssssssch!" imitiert Azadi das Geräusch eines Schnellzugs.

Als die Zuschauer vor Freude jubeln, schlägt mir das Herz bis zum Hals.

„Was für ein Anfang, Jungs!", denke ich, außer mir von Glück.

„Feiert nicht zu früh, wir sind noch nicht warm", sagt Ballstecher und reibt sich den Dreck von seinen Shorts.

Nach Wiederanpfiff schiebt sich Ballstechers Mannschaft den Ball hin und her, ohne näher an mein Tor heranzukommen.

Azadi attackiert ständig die gegnerischen Verteidiger, um sie am Spielaufbau zu hindern. Lucia und Toni sind immer einen Schritt schneller am Ball als Schnauzer und Nagel.

Karim klebt wie eine Briefmarke an Fass: Er lässt ihm keinen Meter Platz, um sich umzudrehen.

Wir zwingen sie, aus der Distanz zu schießen, so dass es mir leicht fällt, ihre Schüsse zu halten.

Doch plötzlich nimmt Fass den Ball und täuscht einen Pass zu Ballstecher an.

Karim fällt auf die Täuschung herein, aber Fass dreht sich mit dem Ball am Fuß und läuft jetzt alleine auf mich zu.

Ich stürme vor dem Schuss aus meinem Kasten, aber ich kann den Ball nur noch mit den Fingerspitzen berühren und er trudelt Richtung Tor.

Fass jubelt schon, als Schatten urplötzlich wie eine Rakete losrennt und den Ball auf der Linie stoppt.

Die Zuschauer brechen in Gelächter aus. Ich hole erleichtert Luft. Ballstecher und seine Freunde dagegen scheinen das aber gar nicht witzig zu finden.

„Wer hat diese dreckige Katze mitgebracht? Schafft sie sofort hier weg oder ich zieh ihr das Fell über die Ohren und mach mir einen Schal draus!", schreit Fass und spuckt auf den Boden, als ich den Ball hole.

Von diesem Moment an beginnt das Team von Ballstecher härter zu spielen.

Bei jedem Zweikampf landen Toni und Azadi auf dem Boden, aber Marschall pfeift nie.

Nur Karim schafft es, sich immer wieder schnell aufzurappeln und die Angriffe von Ballstechers Mannschaft, die meinem Tor immer näher kommen, zu stoppen.

Endlich pfeift Marschall die erste Halbzeit ab, und ich atme erleichtert auf.

X

Ich setze mich mit meinen Teamkameraden vor mein Tor in den Schatten der Bäume und wir trinken das Zitronenwasser, das Azadis Onkel für uns vorbereitet hat.

Auf der anderen Seite des Feldes zündet Marschall Zigaretten für Ballstecher und seine Bande an, die uns höhnisch ansehen.

„Weiter so, ihr verkauft euch gut", sagt Onkel Farzan. „Ihr müsst nur ein bisschen mehr an euch glauben und euch nicht über die Entscheidungen des Schiedsrichters aufregen. Versucht, beim Passspiel die Abstände zwischen euch enger zu machen und Azadis Tempo mit Pässen in die Tiefe besser zu nutzen. Toni, hol dir den Ball noch öfter in unserer Hälfte. Lucia, wenn Toni durchs Mittelfeld geht, weichst du auf den Flügel aus, um ihm mehr Raum zu lassen. Karim, weiter so: Bleib hinter Fass und lass ihn sich nicht herumdrehen. Er ist der gefährlichste Angreifer."

Onkel Farzan seufzt lange und er guckt uns intensiv an. „Ihr seid stärker", sagt er uns mit sanfter Stimme. „Spielt wie ein echtes Team und ihr werdet es allen beweisen."

In den ersten Minuten der zweiten Halbzeit erlauben uns diese taktischen Veränderungen, das Spiel zu kontrollieren.

Azadi ist zu schnell für Nagel und Schnauzer, die jetzt immer mehr antiken Amphoren ähneln, weil sie ihre Hände dauernd auf den Hüften absetzen müssen, um durchzuschnaufen.

Fass wird immer wütender auf Ballstecher.

„Du hast zwei Holzklötze als Beine! Du kannst nicht mal einen präzisen Pass spielen!", schreit er.

Ballstecher ist rot vor Wut und der Schweiß sprudelt aus ihm heraus wie aus dem Springbrunnen am Marktplatz.

Ich denke, wir haben das Spiel in der Hand.

Ein paar Minuten vor Schluss gebe ich Toni den Ball, der ihn direkt zu Azadi weiterpasst. Azadi läuft auf Ballstecher zu, tunnelt ihn und setzt alleine vor Kugel zum spielentscheidenden Schuß an. Aber Fass bringt sie mit einem harten Schultereinsatz zu Fall.

„Elfmeter!", schreien wir alle, aber Marschall zuckt nicht einmal mit der Wimper und lässt weiterspielen.

Während wir ihn mitten auf dem Feld laut protestierend bedrängen, nimmt Fass den Ball und rennt auf mein leeres Tor zu.

Auf der Torlinie angekommen, dreht er sich zu uns um, lächelt spöttisch und schiebt den Ball mit der Ferse ins Netz.

„Das ist eine Schande! Das macht man nicht! Schiebung!", schreien die Zuschauer, als Ballstecher und seine Bande sich in der Mitte des Feldes in den Armen liegen, um den Ausgleich zu feiern.

Ich spüre, wie die Wut aus meinem Bauch aufsteigt und mir langsam die Kehle zuschnürt, aber ich versuche, ruhig zu bleiben, während Azadis Onkel uns an die Seitenlinie ruft.

„Das Unentschieden reicht uns nicht", sagt er. „Es bleibt nicht mehr viel Zeit, wir haben nichts zu verlieren: Also, Max spielt alleine in der Verteidigung, die anderen vorne. Lasst euch nicht nervös machen. Genau das wollen die. Spielt als Team und ihr könnt noch gewinnen."

Sobald Marschall das Spiel wieder anpfeift, passt Lucia

mir den Ball zu und rennt vorwärts. Ich dribbele Nagel aus und spiele zu Toni, während Karim Fass blockt, so dass der nicht vom Fleck kommt. Toni dreht sich um, tunnelt Ballstecher und passt den Ball zu Azadi, die den herauslaufenden Kugel mit voller Geschwindigkeit umkurvt.

Azadi will gerade ins leere Tor schießen, als Fass sie wie zuvor mit der Schulter umrempelt und ihr den Ball abknöpft.

„Elfmeter!", schreie ich, aber Marschall lässt auch diesmal weiterspielen, unglaublich. Fass passt zu Ballstecher, der jetzt alleine vor mir steht.

Ein Angstschauer lähmt mich. Wenn er trifft, ist es zu Ende. Wir werden keine Zeit mehr haben, noch zwei Tore zu schießen.

Plötzlich schreit jemand hinter meinem Tor.

„Hey, du Lusche, hast du immer noch nicht richtig kicken gelernt?" Ballstechers Blick geht in Richtung des Schreihalses, er stolpert über den Ball, streckt alle Viere von sich und landet mit vollem Karacho im Dreck.

Die Zuschauer halten sich vor Lachen die Bäuche.

Mit trockenem Mund und wild schlagendem Herzen nehme ich den Ball und werfe ihn schnell zu Azadi, die alleine vor Kugel auftaucht.

Sie stoppt den Ball mit rechts, dreht sich um die eigene Achse und haut das Leder voll Stoff mit links aufs Tor.

Kugels Hände flattern nur kurz, dann zischt die Pille Sekunden bevor Marschall abpfeifen will ins Netz.

Wir haben gewonnen!

WIR HABEN GEWONNEN!

XI

Die Zuschauer stürmen den Platz, der jetzt so aussieht, als wäre Markttag in Surembo. Unsere Eltern und Freunde umarmen uns und gratulieren uns zum Sieg. Ich küsse meine Mitspieler einen nach dem anderen, aber als ich bei Karim ankomme, sagt der. „Schau mal!"

Azadis Onkel ist zu Ballstecher gegangen, der noch immer mit dem Kopf zwischen den Knien vor meinem Tor sitzt.

„Ich hätte nicht gedacht, dass du die Herausforderung akzeptieren würdest", sagt Onkel Farzan und streckt die Hand aus, um Ballstecher beim Aufstehen zu helfen.

Ballstecher tut jedoch so, als ob er es nicht sieht, und steht allein auf.

„Ich wollte mich rächen", knurrt Ballstecher. Sein traurig-resignierter Blick führt beinahe dazu, dass er mir Leid tut. Er sieht jetzt so schlapp und runzelig aus wie ein Fußball, den man seit Jahren nicht mehr aufgepumpt hat. „Platte Pille" würde jetzt viel besser zu ihm passen als Ballstecher.

„Und du dachtest, du würdest deine Revanche bekommen, wenn du diesen Bolzplatz zerstörst?", sagt Onkel Farzan.

„Ich hätte mich an euch gerächt und auch dafür, dass ihr euch immer in der Schule über mich lustig gemacht habt."

„Wir wollten dich damals doch nur ein bisschen veräppeln, aber du hattest überhaupt keinen Sinn für Humor. Sobald jemand etwas sagte, das dir nicht gefiel, bist du zu deinem Vater gerannt, um dich zu beklagen. Und am nächsten Tag wurde die ganze Klasse ins Büro des Direktors gerufen, obwohl wir nichts wirklich Schlimmes gemacht hatten."

Azadis Onkel breitet seinen linken Arm aus, um ihn um Ballstechers Schultern zu legen. Der Bürgermeister weicht ihm aber mit einer abrupten Bewegung aus und geht mit gesenktem Kopf zu seiner Bande. Für einen Moment beobachtet Onkel Farzan, wie er weggeht. Dann nimmt er ein Foto aus der Jackentasche und betrachtet es, während er mit dem Zeigefinger darüber fährt.

„Du hast mir nie gesagt, dass du den Bürgermeister so gut kennst", sagt Azadi zu ihrem Onkel, als das ganze Team vor ihm steht.

„Das sind wir zwei", erzählt Onkel Farzan und

zeigt uns ein Schwarz-Weiß-Foto. Zwei Jungen in Shorts und Fußballschuhen lächeln und umarmen sich. Einer hat Torwarthandschuhe an und beide halten die Daumen nach oben.

„Wir waren im gleichen Alter wie ihr. Wir saßen in der Schule nebeneinander und spielten in der gleichen Mannschaft, ich im Tor, er vorne. Sein Vater war unser Trainer. Er war mein bester Freund."

„Was ist damals passiert?", fragt Azadi.

„Eines Tages haben wir ein Spiel verloren. Ich habe ihm Vorwürfe gemacht, weil er alles allein machen wollte, statt seinen Mitspielern den Ball abzugeben. Ich sagte ihm, er sei ein Nichtskönner. Am nächsten Tag entschuldigte ich mich, aber er hat mir nie verziehen, und seit diesem Tag hat mich sein Vater nie wieder bei einem Spiel aufgestellt. Seitdem haben wir nicht mehr miteinander gesprochen. Einige von meinen Freunden haben das Team nach ein paar Wochen verlassen, und die Mannschaft wurde schnell aufgelöst."

Azadis Onkel sieht jetzt ernst aus, sein Kopf und die Schultern sind gebeugt.

Zum ersten Mal sehe ich ihn traurig. Nach ein paar Augenblicken hebt er den Kopf wieder und sieht uns mit Tränen in den Augen an.

„Ihr habt den Bolzplatz gerettet und wie ein echtes Team gespielt: Genießt die Siegesfeier", sagt er.

Dann küsst er Azadi auf die Stirn und geht langsam weg, vorbei an unseren Eltern und Freunden, die eine improvisierte Party für uns veranstalten.

Ihr Lachen überdeckt das Dröhnen der Motorräder von Ballstecher und seiner Bande, das sich immer weiter vom Park entfernt.

XII

Während ich am nächsten Morgen in den Park radele, hört sich der Klang der Glocken für mich wie Festtagsgeläute an. Ich spüre eine solche Energie in meinem Körper, dass es mir scheint, als könnte ich mit dem Fahrrad in die Wolken abheben. In wenigen Minuten erreiche ich den Bolzplatz, wo das ganze Team bereits auf mich wartet.

„Was für eine Leistung, Leute“, sage ich und katapultiere mich vom Rad.

„Es war das beste Spiel, das wir jemals gespielt haben“, erklärt Lucia.

„Und Ballstecher wird lernen müssen, Fahrrad zu fahren, anstatt Parkplätze zu bauen... damit er in Form kommt“, fügt Toni hinzu. „Schade nur, dass ich ihn nicht...“

„... umbomben konnte!“, rufen wir alle zusammen.

„Als ich meinen Schuss im Netz zappeln sah, hab ich mich federleicht gefühlt“, sagt Azadi. Dann breitet sie ihre Arme aus wie eine Möwe ihre Flügel, schließt die Augen und schwebt langsam mit einem leuchtenden Lächeln im Gesicht in Kreisen um uns herum.

„Zum Glück hatten wir einen Torwart, der der Nationalmannschaft würdig ist!“, entgegnet Toni.

„Jetzt übertreib mal nicht!“, sage ich bescheiden.

„Ich rede nicht von dir, du eingebildeter Anfänger, sondern von Schatten! Sie hat eine Glanzparade gezeigt, von der du nur träumen kannst!“, sagt Toni mit einem seiner unwiderstehlichen Lacher, und stupst mich scherzhaft in die Seite. Ich gebe ihm den Stoß zurück und lache noch lauter als er.

Karim sitzt und streichelt Schatten, die in der Sonne döst. Dann räuspert er sich etwas zu laut, aber auch ein wenig verlegen. „Gestern Nacht habe ich ein Gedicht geschrieben“, sagt er. „Wollt ihr es hören?“

„Langweilig!", knurrt Toni. Er will etwas hinzufügen, doch Azadi bringt ihn mit einem Stoß in die Rippen zum Schweigen.

„Okay, aber beeil dich, wir wollen spielen", sagt Lucia, die mit dem Ball im Schoß neben uns sitzt.

Karim beginnt zu lächeln und zieht ein rotes Notizbuch aus seinem Rucksack. Er blättert ein paar Seiten durch und beginnt zu lesen.

Unter den Bäumen, unsere Stimmen.
Mein Blut pulsiert, stark in meinen Adern.
Ich renne, kämpfe, falle.
Eure Hände helfen mir auf.
Mit jedem Schritt mit Euch, werde ich stärker.
Mit jeder Eurer Umarmungen, leichter.
Freunde, Ihr seid die Poesie.

Für einige Momente höre ich nur den Wind, der die Blätter der Bäume schüttelt. Karim beobachtet uns erwartungsvoll.

Plötzlich springt Toni auf. „Wenn du so spielen würdest, wie du schreibst, wärst du der neue Messi!", sagt er und wirft den Ball in die Luft. „Holt ihn euch, wenn ihr könnt!"

Schatten, Azadi und Lucia rennen los wie der Blitz, und Karim und Toni stürmen ihnen hinterher.

Die Wipfel der Bäume wiegen sich, als ob eine unsichtbare Hand sie streicheln würde.

Ich ziehe die neuen Handschuhe an und gehe zum Tor.

Die Surembo Megastars sind bereit für die nächste Herausforderung.

Stefano Montanari (geb. in Rom, 1974) arbeitet seit über zwanzig Jahren im Bereich der Menschenrechtsförderung. Zu diesen Themen hat er bereits mehrere Artikel für Zeitschriften und Zeitungen in Italien und im Ausland verfasst.
Er ist selbst Vater von zwei Kindern.
Dieses ist sein drittes Buch.
Twitter: @StefMontanari

Arianna Operamolla (Bari, 1984) hat sich auf die Illustration von Jugendliteratur spezialisiert. Sie hat bei verschiedenen Verlagen in Italien und im Ausland veröffentlicht, wie Mondadori, Pearson, Harper Collins Publisher, L'Espresso.
www.ariannaoperamolla.com
Instagram: ariannaoperamolla